Dat er overal Vrede en Geluk mogen zijn

Toespraak door
Sri Mata Amritanandamayi
tijdens de plenaire slotbijeenkomst van
Het Parlement van Wereldreligies
in Barcelona, Spanje,
op 13 juli 2004

Mata Amritanandamayi Center, San Ramon
Californië, Verenigde Staten

Dat er overal Vrede en Geluk mogen zijn

Uitgegeven door:
  Mata Amritanandamayi Center
  P.O. Box 613
  San Ramon, CA 94583
  Verenigde Staten

────── *May Peace and Happiness Prevail (Dutch)* ──────

Copyright © 2004 door Mata Amritanandamayi Mission Trust, Amritapuri, Kerala 690546, India
Alle rechten voorbehouden. Niets uit deze uitgave mag worden opgeslagen in een geautomatiseerd gegevensbestand, verveelvoudigd, of openbaar gemaakt, in enige vorm of op enige wijze, hetzij elektronisch, mechanisch, door fotokopieën, opnamen, of op enige andere manier, zonder voorafgaande schriftelijke toestemming van de uitgever.

Eerste uitgave door het MA Center: mei 2016

In Nederland:
  www.amma.nl
  info@amma.nl

In België:
  www.vriendenvanamma.be

In India:
  www.amritapuri.org
  inform@amritapuri.org

Inhoud

Voorwoord 5
door **Federico Mayor**
Ex-secretaris-generaal van de UNESCO
Voorzitter van de Stichting Cultuur in Vrede, Madrid, Spanje

Inleiding 9
door **Swami Amritaswarupananda Puri**
Vice-voorzitter Mata Amritanandamayi Math, Amritapuri

Thematoespraak 19
door **Sri Mata Amritanandamayi**

Voorwoord

Allemaal samen kunnen wij, door een enorm gebed, de loop van de huidige gebeurtenissen veranderen. Ieder uniek menselijk wezen kan scheppen en is onze hoop.

Amma adviseert ons: "Inderhaast vergeten we de grootste waarheid van allemaal: dat de bron van alle problemen zich in de menselijke geest bevindt." En het vers van de grote Amerikaanse schrijver Archibald McLeish, waarmee de prachtige inleiding van de schitterende grondwet van de UNESCO begint, luidt: "Omdat oorlog in de geest van de mensen geboren wordt, moeten we in de geest van de mensen het kasteel van de vrede bouwen."

Echt onderwijs bevrijdt ons en stelt ons in staat volgens onze eigen beslissingen te handelen zonder dat we iemands bevelen hoeven op te volgen. De massamedia, die zo nuttig zijn, kunnen ons ook, doordat ze overal aanwezig en zo aantrekkelijk zijn, in passieve kijkers veranderen en ons allemaal gelijk maken en gedwee laten accepteren wat zij ons aanbieden. Zo laten zij ons instemmen met hun aanbevelingen die hun eigenbelang dienen. Het is van essentieel belang dat we tijd hebben om na te denken, te voelen, te luisteren, anderen te leren kennen en ten slotte – en dit is erg moeilijk – onszelf te leren kennen.

Zoals Amma in het Parlement van Wereldreligies zei: "Naast begrip van de uiterlijke wereld is het essentieel dat we ook de innerlijke wereld leren kennen." Ze voegde hieraan toe: "Liefde en mededogen zijn de essentie van alle religies… Liefde kent geen beperkingen van religie, ras, nationaliteit of kaste."

Om de armoede uit te roeien en het lijden te verlichten of er een einde aan te maken moeten we geven, onszelf geven! Alles geven wat we kunnen, maar boven alles onze tijd geven, onze kennis, onze broederschap.

De materiële armoede van veel mensen is het gevolg van de spirituele armoede van degenen die hun steun hadden kunnen geven. We moeten sterk benadrukken dat dit het resultaat is van een cultuur van macht, van onderdrukking en overheersing. En het is het resultaat van de mensen en instellingen die hun mond houden in plaats van hun protesten en voorstellen vrijelijk uit te drukken.

Nu is het de tijd voor de dialoog, voor wederzijdse overeenstemming en begrip. De tijd

Voorwoord

is gekomen voor de cultuur van vrede, de cultuur van de helpende hand, van eendrachtige stemmen. Eindelijk het tijdperk van de mensen! Uiteindelijk allemaal verschillend, maar allemaal verenigd. Zo zal er een nieuwe stap gezet worden in de geschiedenis van de mensheid.

Amma vraagt dat we voor anderen werken, voor de armsten. Ik wens dat Haar gebed: "Moge de boom van ons leven stevig in de grond van liefde geworteld zijn," vervuld wordt.

Federico Mayor Zaragoza,
Ex-secretaris-generaal van de UNESCO,
Voorzitter van de Stichting
Cultura de Paz, Madrid, Spanje

Augustus 2004

Inleiding

Tegenwoordig associëren we begrippen als verscheidenheid en verschillen van religie en cultuur vaak met conflict, oorlog en terrorisme. De wereld is sinds 11 september 2001 veranderd. Ons collectieve bewustzijn zit nu vol angst, achterdocht en zelfs vijandigheid tegenover mensen die anders zijn dan wij. Op dit ogenblik in de geschiedenis is een internationale interreligieuze bijeenkomst misschien belangrijker dan ooit. De wereld smacht naar een stem die ons ertoe inspireert ons in vrede te verenigen. Op het Parlement van Wereldreligies in Barcelona in 2004 was Amma deze stem. De universele en eeuwige wijsheid van Haar woorden spreekt ons aan en komt in deze kritieke tijd met een buitengewone levendigheid bij ons over.

Toen Amma het podium opliep, stond het hele gehoor op en juichte. Eén verslaggever zei: "Door Haar persoonlijkheid voelt men een spontane aantrekking tot Haar. En Ze is natuurlijk anders en uniek, niet als andere spirituele meesters." De zaal zat helemaal vol. De mensen zaten zelfs in de paden en gangen. Men kon voelen dat de atmosfeer doordrongen was van diepe eerbied en moeilijk in te houden opwinding. Amma zou de thematoespraak tijdens de plenaire slotsessie van het zeven dagende durende parlement geven. Haar thema was "Wegen naar Vrede – de Wijsheid van het Luisteren, de Kracht van Betrokkenheid." Wat zou dit opmerkelijke spirituele wezen ons bij deze gelegenheid leren? Hoe zou Ze de essentie van de honderden lezingen, discussies en symposia die gedurende dit hele evenement gepresenteerd waren, tot een geheel maken in één geïntegreerde, allesomvattende boodschap? Terwijl Amma sprak, kwam het antwoord. De echte problemen waar we nu mee te maken hebben en de manieren om die op te lossen werden een voor een behandeld. Amma kon alle boodschappen, onderricht en wegen tot één samenbrengen, omdat dit de rol van de echte spirituele meester is. Zoals altijd waren Haar woorden eenvoudig, maar diepgaand. Amma's toespraak drukte de diepste spirituele principes uit, maar bevatte ook leuke verhalen, praktische voorbeelden en prachtige vergelijkingen. Ze slaagde erin om bijna alle gebieden van het leven ter sprake te brengen in Haar korte, maar krachtige toespraak.

Amma begint Haar toespraak met uit te leggen hoe we onze door God geschonken talenten

Inleiding

moeten zien. Door het vergroten van onze aangeboren spirituele kracht in plaats van kracht in zijn verschillende materiële vormen kunnen we echte vrede en tevredenheid bereiken. In plaats van alleen maar de religie de schuld te geven van de onophoudelijke frustratie die de mensheid ervaart bij zijn zoeken naar geluk, geeft de toespraak een frisse kijk op religie en spiritualiteit, een kijk die in de wereld van vandaag zeer hard nodig is. Amma spoort iedereen aan de essentie van religie vanuit een spiritueel perspectief te zien en te begrijpen en Zij herinnert ons eraan: "Waar echte spirituele ervaring is, daar zal geen verdeeldheid zijn, alleen eenheid en liefde."

Amma waarschuwt ons opnieuw tegen religieus fanatisme en merkt op: "Het probleem ontstaat wanneer we zeggen: 'Onze religie heeft gelijk, die van jullie heeft ongelijk.' Dit is alsof je zegt: 'Mijn moeder is goed, die van jullie is een prostituee!'" Maar Ze wijst ook de weg naar een oplossing: "Liefde is de enige religie die de mensheid kan helpen tot grote en roemrijke hoogten te stijgen. Liefde moet de ene draad zijn waaraan alle religies en filosofieën aaneengeregen zijn." Vervolgens zegt Ze dat we om eenheid te verlevendigen en liefde te verspreiden verscheidenheid moeten respecteren en met een open hart naar elkaar moeten luisteren.

Amma behandelt het onderwerp oorlog prachtig door te bepleiten dat we het geld en de inspanning die we aan oorlog besteden in plaats daarvan aan vrede besteden. Zij suggereert dat dit "zeker vrede en harmonie in deze wereld tot stand kan brengen." Hier benadrukt Zij opnieuw dat de sleutel voor het overwinnen van zowel de innerlijke als uiterlijke vijanden geen fysieke of ideologische dwang is, maar spiritualiteit.

Amma geeft vervolgens een nieuwe definitie van een ander mondiaal dilemma van deze tijd, namelijk armoede. Amma onderscheid twee soorten armoede, fysiek en spiritueel, en spoort ons allemaal aan prioriteit te geven aan het aanpakken van de tweede, omdat alleen deze benadering een blijvende oplossing voor beide soorten armoede eekan bieden.

Amma's onderricht brengt ons altijd voorbij onze persoonlijke verschillen en verlangens, wat ons ertoe leidt de onderliggende eenheid van de mensheid te ervaren. In Barcelona benadrukte Zij opnieuw deze boodschap van eenheid op het hoogtepunt van Haar redevoering. Door een ontroerend verhaal over een regenboog illustreert

Inleiding

Amma hoe verscheidenheid en eenheid samen kunnen gaan, als we maar de wijsheid kunnen vinden dat we ons eigen geluk vinden in het gelukkig maken van anderen.

Amma heeft zo vaak gezegd dat het helpen van de armen onze hoogste verplichting tegenover God is. En wanneer Ze Haar redevoering besluit, vraagt Ze om een duidelijke toezegging van Haar kinderen: "We moeten ons ertoe verplichten iedere dag een halfuur extra te werken voor hen die lijden. Dit is Amma's verzoek." Wie is er meer bevoegd om over het belang en de schoonheid van onbaatzuchtige dienstbaarheid te spreken? Zulke woorden krijgen een heel andere dimensie van overtuigingskracht wanneer ze komen van iemand die Haar hele leven zo meesterlijk gevormd heeft dat het een toonbeeld van Haar eigen onderricht is geworden.

Op Amma's toespraak volgde een daverend applaus en een staande ovatie.

Die avond gaf Amma darshan, hoewel het niet een onderdeel van het oorspronkelijke programma was. (Het parlement was al voorbij.) Een enorme menigte bewonderaars en een aantal ambtenaren en afgevaardigden van de conferentie kwamen voor Haar zegen.

Dat er overal Vrede en Geluk mogen zijn

De darshan vond plaats in een tent die op de Middellandse Zee uitkeek. Deze tent was door de Sikh-gemeenschap opgezet om de afgevaardigden van het parlement te eten te geven. Amma kwam in de tent kort nadat Ze het parlement verlaten had en liep zonder plichtplegingen naar een stoel die daar een paar minuten eerder neergezet was, want niemand wist zeker of Ze darshan zou geven. Zonder enige ophef begon Ze mensen te ontvangen op Haar unieke manier van iedereen omhelzen. Binnen een paar minuten begonnen de mensen bhajans te zingen en deed iedereen mee, ook al was er geen geluidsapparatuur. De darshan, die tot 's avonds laat doorging, leek een manifestatie te zijn van dat waartoe Amma in Haar toespraak een paar uur eerder had opgeroepen: hier waren mensen uit heel Europa, uit de hele wereld, en van verschillende religies, die zich allemaal aaneensloten in de ervaring van liefde. Verscheidenheid samengebracht in eenheid, de basis voor vrede.

's Nachts kwam de Sikh-leider samen met een grote groep volgelingen Amma eren. Hij betoonde Haar eerbied en verwelkomde Haar. Toen stopte hij beide handen in een grote kom, haalde ze eruit terwijl de bloemblaadjes er aan alle

Inleiding

kanten af vielen, en strooide die uitbundig over Amma. Zij antwoordde door de bloemblaadjes in Haar handen te nemen en ze over hem en zijn volgelingen uit te strooien.

En toen gebeurde er niets minder dan een wonder. Amma begon zich zorgen te maken omdat de mensen zo lang bij Haar waren geweest en niemand iets gegeten had. De Sikhs boden aan wat zij overhadden: genoeg voedsel voor misschien 150 maaltijden. Toen de darshan over was, ging Amma direct naar de serveertafels en begon Haar kinderen voedsel te serveren. Nu en dan paste Ze de porties van het ene of andere gerecht aan. Ze berekende alles precies om er zeker van te zijn dat iedereen te eten zou hebben. En Ze slaagde erin, want uiteindelijk kreeg iedereen een overvloedige maaltijd, alle potten waren leeg geschraapt en men hoefde geen eten weg te gooien. Hoe eten voor 150 mensen meer dan duizend mensen kon voeden waarbij niemand honger leed en geen eten verspild werd, daarvoor is geen verklaring.

Binnen een paar uur nadat Amma de darshan beëindigd had en Haar kinderen te eten gegeven had, was Ze weer op het vliegveld, minder dan vierentwintig uur na Haar aankomst. Het parlement vond plaats terwijl Amma op Haar jaarlijkse tournee door de VS was. Ze vertrok na het programma in Chicago, gaf Haar toespraak en de geïmproviseerde darshan, en keerde op tijd terug voor Haar volgende programma in Washington, D.C.

Barcelona vormde een van de vele tonelen van Amma's nooit eindigende boodschap van de liefde. Liefde verovert inderdaad alles. Laten wij dus ook ons hart openen en ons aan die Liefde overgeven. De woorden van een Mahatma zijn als zaden die in de grond van ons hart gezaaid worden. Als de grond ontvankelijk is en de zaden voedt, kunnen er grote bomen uit groeien, die fruit en schaduw geven aan veel mensen die daar behoefte aan hebben. Mogen Amma's woorden ontkiemen en in ons hart groeien, en daardoor ons leven vruchtbaar en nuttig voor de wereld maken.

Nu ik deze inleiding besluit, wil ik een citaat uit een artikel noemen dat in een van de belangrijkste kranten in Spanje verscheen, *El Periódico*: "Amma is een goede spirituele aas in een wereld die aan gebrek aan vertrouwen lijdt."

Ja, Ze leidt ons werkelijk naar het hoogste succes, wat het overschrijden van alle zwakheden

Inleiding

van de geest is, ons volledig vermogen realiseren en uiteindelijk vrede en rust onder alle omstandigheden in het leven bereiken.

Swami Amritaswarupananda
Vice-voorzitter
Mata Amritanandamayi Math
Amritapuri

Dat er overal Vrede en Geluk mogen zijn

Thematoespraak door
Sri Mata Amritanandamayi
tijdens de Plenaire Slotbijeenkomst van
Het Parlement van Wereldreligies
in Barcelona, Spanje,
op 13 juli 2004

Amma buigt voor jullie allemaal, die de belichaming van zuivere liefde en het Hoogste Bewustzijn zijn. Voor de inspanning en zelfopoffering van degenen onder jullie die een enorm evenement als dit hebben kunnen organiseren, schieten woorden tekort. Amma buigt eenvoudig voor zulke onbaatzuchtigheid.

De capaciteiten die God ons gegeven heeft, zijn een schat die zowel voor onszelf als voor de hele wereld bedoeld is. Deze rijkdom mag nooit misbruikt worden en tot last voor ons en voor de wereld worden. De grootste tragedie in het leven is niet de dood. De grootste tragedie is het onvoldoende gebruik maken van onze grote mogelijkheden, talenten en capaciteiten, ze te laten verroesten terwijl we leven. Wanneer we de rijkdom van de natuur gebruiken, neemt die af, maar wanneer we de rijkdom van onze innerlijke gaven gebruiken, neemt die toe.

Maar gebruiken we onze talenten echt? Wat is altijd het doel van de mensheid geweest? Wat willen wij mensen graag bereiken? Is het niet altijd ons doel geweest om zoveel mogelijk geluk en tevredenheid te verkrijgen zowel in ons persoonlijk leven als voor de samenleving als geheel? Maar hoe staan we er nu voor? De meesten van ons maken de ene fout na de andere, wat onze problemen alleen maar erger maakt.

Ieder land heeft geprobeerd zijn macht te vergroten op het gebied van de politiek, het leger en de bewapening, de economie, de wetenschap en de techniek. Is er een gebied dat we nog niet getest en verkend hebben? We zijn allemaal zo op deze dingen gericht. Hebben we echte vrede of tevredenheid bereikt, nu we die methoden zolang uitgeprobeerd hebben? Het antwoord is nee. De tijd heeft bewezen dat deze methoden op zich ons geen tevredenheid kunnen garanderen. Alleen als we spirituele kracht, waarmee we nooit eerder

Amma's toespraak

geëxperimenteerd hebben, laten toenemen samen met al die verschillende gebieden, kunnen we de vrede en tevredenheid die we zoeken, bereiken.

In werkelijkheid is er slechts één verschil tussen de mensen in rijke landen en arme landen: terwijl de mensen in welvarende landen huilen in kamers met airconditioning en vorstelijke villa's, huilen de mensen die in arme landen leven, op de moddervloer van hun hut. Eén ding is duidelijk: dat mensen die eens alle hoop hadden dat ze konden glimlachen en gelukkig zijn, nu in veel delen van de wereld tranen storten. Verdriet en lijden worden het kenmerk van veel landen. Het is zinloos om alleen religie van dit alles de schuld te geven. Een belangrijke oorzaak van deze problemen is de manier waarop mensen religie en spiritualiteit *geïnterpreteerd* hebben.

Tegenwoordig zoeken we de oorzaken en oplossingen van alle problemen in de wereld buiten ons. Inderhaast vergeten we de grootste waarheid van allemaal: dat de bron van alle problemen zich in de menselijke geest bevindt. We vergeten dat de wereld alleen goed kan worden, als de geest van het individu goed wordt. Dus naast begrip van de uiterlijke wereld is het essentieel dat we ook de innerlijke wereld leren kennen.

Dat er overal Vrede en Geluk mogen zijn

Er was eens een plechtigheid om een nieuwe supercomputer te inaugureren. Na de inauguratie zei men tegen de deelnemers dat ze de supercomputer konden vragen wat ze wilden en dat hij binnen enkele seconden met het antwoord zou komen. Iedereen deed zijn best om de computer de meest ingewikkelde vragen te stellen over wetenschap, geschiedenis, aardrijkskunde, enzovoorts. Zodra er een vraag gesteld was, kwam het antwoord meteen op het scherm. Toen stond er een kind op een stelde de supercomputer een eenvoudige vraag: "Hallo, Supercomputer. Hoe gaat het vandaag met je?" Deze keer kwam er geen antwoord en bleef het scherm leeg! De computer kon vragen beantwoorden over alles behalve zichzelf.

De meesten van ons leven in een toestand die lijkt op die van de computer. Naast inzicht in de uiterlijke wereld moeten we ook kennis over de innerlijke wereld ontwikkelen.

Wanneer onze telefoon kapot is, bellen we de telefoonmaatschappij om hem te repareren. Wanneer onze kabel-tv de programma's niet helder ontvangt, helpt de kabelexploitant ons. En wanneer onze internetverbinding het niet doet, repareert een computerdeskundige die. Op

Amma's toespraak

dezelfde manier is spiritualiteit het middel om onze innerlijke verbinding met God te herstellen. De wetenschap van de spiritualiteit geeft ons de 'afstandsbediening' van onze geest terug in handen.

Er zijn twee soorten onderwijs: onderwijs om te leven en onderwijs voor het leven. Wanneer we aan een universiteit studeren om dokter, advocaat of ingenieur te worden, dan is dat onderwijs om te leven. Maar onderwijs voor het leven vereist begrip van de essentiële principes van spiritualiteit. Het gaat over het krijgen van een dieper inzicht in de wereld, ons denken, onze emoties en onszelf. We weten allemaal dat het echte doel van het onderwijs niet is mensen te creëren die alleen de taal van machines verstaan. Het belangrijkste doel van het onderwijs moet zijn het overbrengen van een *ontwikkeling van het hart*, een ontwikkeling gebaseerd op spirituele waarden.

Religie alleen van de buitenkant bekijken geeft steeds meer verdeeldheid. We moeten de binnenkant, de *essentie* van religie, vanuit een spiritueel perspectief zien en begrijpen. Alleen dan zal het gevoel van verdeeldheid ophouden. Waar verdeeldheid is, kan geen echte spirituele ervaring zijn. En waar spirituele ervaring is, daar zal geen verdeeldheid zijn, alleen eenheid en liefde. Religieuze leiders moeten erop voorbereid zijn om op grond van deze kennis te werken en hun volgelingen bewust te maken van deze waarheden.

Het probleem ontstaat wanneer we zeggen: "Onze religie heeft gelijk, die van jullie heeft ongelijk." Dit is alsof je zegt: "Mijn moeder is goed, die van jullie is een prostituee!" Liefde en mededogen zijn de essentie van alle religies. Waarom is het dan nodig te wedijveren?

Liefde is onze ware essentie. Liefde kent geen beperkingen van religie, ras, nationaliteit of kaste. Wij zijn allemaal kralen, die samen geregen zijn aan dezelfde liefdesdraad. Het verlevendigen van deze eenheid en het doorgeven aan anderen van de liefde die onze inherente aard is, is het werkelijke doel van het menselijk leven.

Liefde is werkelijk de enige religie die de mensheid kan helpen tot grote en roemrijke hoogten te stijgen. Liefde moet de ene draad zijn waaraan alle religies en filosofieën aaneengeregen worden. De schoonheid van de samenleving ligt in de eenheid van harten.

Er is zeer veel verscheidenheid in *Sanatana Dharma*, India's oude spirituele traditie. Iedereen

Amma's toespraak

is uniek en heeft een andere mentale constitutie. De zieners uit het verleden gaven ons een groot aantal wegen, zodat ieder individu de weg kon kiezen die het beste bij hem paste. Alle sloten kunnen niet met dezelfde sleutel geopend worden en niet iedereen houdt van hetzelfde soort voedsel of kleding. Deze verscheidenheid geldt ook voor spiritualiteit. Dezelfde weg is niet voor iedereen geschikt.

Bijeenkomsten en conferenties zoals deze moeten meer nadruk leggen op spiritualiteit, op de innerlijke essentie van religie. Dit is de enige manier om vrede en eenheid te bereiken. Deze conferentie mag niet alleen maar een ontmoeting van lichamen zijn. Bij gelegenheden zoals deze moet er een werkelijke ontmoeting plaatsvinden, waarbij we elkaars hart kunnen voelen en kennen.

Communicatie met behulp van apparaten laat mensen in afgelegen gebieden heel dichtbij lijken. Maar door gebrek aan communicatie van hart tot hart kunnen zelfs degenen die fysiek dicht bij ons zijn, erg ver weg lijken.

Dit moet dus geen gewone conferentie zijn, waar iedereen praat, niemand luistert en iedereen het oneens is!

Dat er overal Vrede en Geluk mogen zijn

Naar elkaar luisteren is belangrijk. We kunnen veel dingen in de wereld horen en zien, maar we moeten ons niet in andermans zaken mengen, omdat dat gevaarlijke gevolgen kan hebben. Amma herinnert zich een verhaal.

Een man liep langs een psychiatrische inrichting en hoorde een stem kermen: "13, 13, 13, 13..." De man liep eropaf om de plaats te vinden waar het geluid vandaan kwam. Hij zag een gat in de muur en realiseerde zich dat het geluid van de andere kant kwam. Uit nieuwsgierigheid stopte hij zijn oor in het gat om beter te kunnen horen. Plotseling beet iets hem hard in zijn oor. Toen de man het uitschreeuwde van de pijn, kermde de stem: "14, 14, 14, 14..!"

We moeten dus ons onderscheidingsvermogen gebruiken om te beslissen waaraan we wel of geen aandacht moeten schenken.

Echte religieuze leiders houden van de hele schepping en aanbidden die zelfs, omdat ze alles als Gods bewustzijn zien. Zij zien de eenheid die aan alle verscheidenheid ten grondslag ligt. Maar tegenwoordig interpreteren veel religieuze leiders de woorden en ervaringen van de oude zieners en profeten verkeerd en buiten ze zwakke mensen uit.

Amma's toespraak

Religie en spiritualiteit zijn de sleutels waarmee we ons hart kunnen openen en iedereen met mededogen kunnen zien. Maar omdat we verblind zijn door egoïsme, hebben we ons gezond verstand verloren en is onze visie verdraaid. Deze houding creëert alleen maar meer duisternis. Onze ongenuanceerde mentale instelling doet nu ons hart op slot met dezelfde sleutel die bedoeld is om het hart te openen.

Er is een verhaal over vier mannen die op weg waren om een religieuze conferentie bij te wonen en de nacht samen op een eiland door moesten brengen. Het was 's nachts bitterkoud. Iedere reiziger had een doosje lucifers en een bundeltje brandhout in zijn bepakking, maar ieder van hen dacht dat hij de enige was die brandhout en lucifers had.

De eerste man dacht: "Te oordelen naar het medaillon rond de nek van die man zou ik zeggen dat hij tot een andere religie behoort. Als ik een vuurtje aansteek, zal hij ook van de warmte profiteren. Waarom zou ik mijn kostbare hout gebruiken om hem te verwarmen?"

De tweede man dacht: "Die man komt uit het land dat altijd tegen ons gevochten heeft. Ik wil er niet aan denken mijn hout te gebruiken om het hem naar de zin te maken!"

De derde man keek naar een van de anderen en dacht: "Ik ken die kerel. Hij behoort tot een sekte die altijd problemen voor mijn religie creëert. Ik ga mijn hout niet ter wille van hem verspillen!"

De vierde man dacht: "Die man heeft een andere huidskleur en daar heb ik een hekel aan! Het is uitgesloten dat ik mijn hout voor hem ga gebruiken!"

Uiteindelijk was niemand van hen bereid zijn hout aan te steken om de anderen te verwarmen en dus waren ze tegen de ochtend allemaal doodgevroren. Op dezelfde manier koesteren wij vijandschap tegenover anderen in de naam van religie, nationaliteit, huidskleur en kaste, zonder compassie voor onze medemensen te tonen.

De moderne samenleving is als iemand die aan hoge koorts lijdt. Wanneer de koorts toeneemt, zegt de patiënt dingen die nergens op slaan. Ze wijst misschien naar een stoel op de grond en zegt: "De stoel praat tegen me. Kijk, hij vliegt." Wat kunnen we daarop antwoorden? Hoe kunnen we haar bewijzen dat de stoel niet vliegt? Er is slechts één manier om haar te helpen: we

Amma's toespraak

moeten haar de noodzakelijke medicijnen geven om de koorts af te laten nemen. Als de koorts afgenomen is, zal alles weer normaal worden. Vandaag de dag lijden de mensen aan de koorts van egoïsme, hebzucht, onbeperkte verlangens, enzovoorts.

Religie en spiritualiteit vormen de weg die de kwaadheid in ons in compassie omzet, onze haat in liefde, onze wellustige gedachten in goddelijke gedachten en onze jaloezie in sympathie. Maar in onze huidige misleide mentale toestand begrijpen de meesten van ons dat niet.

De samenleving bestaat uit individuen. Het conflict in de individuele geest manifesteert zich naar buiten toe als oorlog. Wanneer individuen veranderen, zal de samenleving vanzelf veranderen. Zoals haat en wraakzucht in de geest bestaan, kunnen vrede en liefde ook in de geest bestaan.

Om oorlogen te voeren geven we miljarden dollars uit en nemen ontelbare mensen in dienst. Denk je eens in hoeveel aandacht en intense inspanning aan dat proces besteed wordt. Als we zelfs maar een fractie van dit geld en deze inspanning voor wereldvrede zouden gebruiken, dan konden we zeker vrede en harmonie in deze wereld tot stand brengen.

Dat er overal Vrede en Geluk mogen zijn

Ieder land besteedt geweldige bedragen aan het bouwen van veiligheidssystemen. Veiligheid is onmisbaar, maar de allergrootste veiligheid ontstaat wanneer we de spirituele principes in ons opnemen en in overeenstemming daarmee leven. Dit zijn we vergeten.

De vijanden die ons nu van binnen en van buiten aanvallen, kunnen niet aangepakt worden door de kracht van onze wapens te vergroten. We kunnen het ons niet langer veroorloven de herontdekking en versterking uit te stellen van ons krachtigste wapen, spiritualiteit die inherent in ieder van ons is.

Er zijn meer dan een miljard mensen in deze wereld die armoe en honger lijden. Dit is echt onze grootste vijand. Armoede is een van de belangrijkste redenen waarom mensen diefstal of een moord begaan en terrorist worden. Het is ook de reden dat mensen prostituee worden. Armoede beïnvloedt niet alleen het lichaam, maar verzwakt ook de geest. Zo'n geest wordt dan in naam van religie beïnvloed en geïnjecteerd met het gif van terroristische idealen. Als we er op deze manier naar kijken, denkt Amma dat 80% van de problemen in de samenleving opgelost zou worden als we de armoede uit zouden roeien.

Amma's toespraak

Over het algemeen is de mensheid op reis zonder een duidelijk doel.

Een chauffeur stopte op een kruispunt en vroeg een voetganger: "Kunt u me vertellen waar deze weg heen gaat?"

"Waar wilt u heen?" vroeg de voetganger.

"Ik weet het niet," antwoordde de chauffeur.

"Wel," zei de voetganger, "dan doet het er natuurlijk niet toe welke weg u neemt!"

We moeten niet als deze chauffeur worden. We moeten een duidelijk doel voor ogen hebben.

Amma is verontrust wanneer zij ziet in welke de richting de wereld zich beweegt. Als er in de toekomst een derde wereldoorlog uitbreekt, laat het dan geen oorlog tussen landen zijn, maar liever een oorlog tegen onze gemeenschappelijke vijand, de armoede.

In de huidige wereld ervaren de mensen twee soorten armoede: de armoede veroorzaakt door gebrek aan voedsel, kleding en onderdak, en de armoede veroorzaakt door gebrek aan liefde en mededogen. Van deze twee moeten we de tweede soort als de belangrijkste zien, want als we een hart vol liefde en compassie hebben, dan zullen we van ganser harte de mensen dienen die gebrek lijden aan voedsel, kleding en onderdak.

Dat er overal Vrede en Geluk mogen zijn

Het is niet het tijdperk waarin we leven, maar ons mededogen dat een verandering in de samenleving tot stand zal brengen. Religies moeten harten met meer compassie kunnen creëren. Dit moet het belangrijkste doel van religie en spiritualiteit zijn.

Om deze wereld te beschermen moeten we een weg kiezen waarbij we onze persoonlijke meningsverschillen en verlangens opzijzetten. Door te vergeven en te vergeten kunnen we proberen deze wereld te herscheppen en er nieuw leven aan te geven. Het verleden naar boven halen en onderzoeken is zinloos. Daar heeft niemand iets aan. We moeten afgaan van de weg van wraak en vergelding en onpartijdig de huidige situatie in de wereld waarnemen. Alleen dan kunnen we de weg naar echte vooruitgang vinden.

Echte eenheid, zowel tussen de mensen onderling als tussen de mensheid en de natuur, zal alleen ontstaan door vertrouwen in de onmetelijke kracht van het innerlijke Zelf, dat voorbij alle uiterlijke verschillen is.

Een regenboog is prachtig om te zien en heeft ook een innerlijke betekenis die helpt de geest te verruimen. Een regenboog wordt gevormd door het samenkomen van zeven verschillende

Amma's toespraak

kleuren, wat hem aantrekkelijk en mooi maakt. Op dezelfde manier moeten wij de verschillen die gecreeerd woorden door religie, nationaliteit, taal en cultuur kunnen accepteren en waarderen. We moeten elkaar de hand geven en het allerhoogste belang hechten aan het welzijn van de mensheid en universele menselijke waarden.

Een regenboog verschijnt en verdwijnt aan de hemel binnen een paar minuten. Maar in die korte tijd kan hij iedereen blij maken. Ons leven, dat als een kort moment in de oneindigheid van de tijd verschijnt, is erg kort en onbeduidend, net als de regenboog, die klein lijkt aan de oneindige hemel. Zolang we in deze wereld leven, is het onze voornaamste en eerste plicht, oftewel *dharma*, om voor anderen van nut te zijn. Alleen wanneer het goede in iemand ontwaakt, krijgen zijn persoonlijkheid en activiteiten schoonheid en kracht.

Er was eens een meisje die permanent in een rolstoel zat. Haar handicap maakte haar kwaad en teleurgesteld in het leven. De hele dag zat ze gedeprimeerd aan het raam en keek jaloers naar alle andere jonge kinderen, die renden, sprongen, huppelden en met elkaar speelden.

Toen ze op een dag door het raam zat te staren, begon het te motregenen. Plotseling verscheen er een prachtige regenboog aan de hemel. Onmiddellijk vergat het meisje haar handicap en haar verdriet. De regenboog maakte haar heel gelukkig en gaf haar hoop. Maar even plotseling als de regenboog verschenen was, verdween hij weer toen de motregen ophield. De herinnering aan de regenboog vervulde het meisje met een vreemde rust en blijheid. Ze vroeg haar moeder waar de regenboog heen gegaan was. Haar moeder antwoordde: "Mijn lieveling, een regenboog is een heel bijzondere schepping. Hij verschijnt alleen wanneer het regent en tegelijk de zon schijnt."

Van toen af zat het meisje voor het raam en wachtte erop dat de zon en de regen tegelijk kwamen. Ze was er niet meer in geïnteresseerd de andere kinderen te zien spelen. Eindelijk begon het op een zonnige dag onverwacht licht te regenen, en er verscheen een ongelooflijk mooi gekleurde regenboog aan de lucht. De vreugde van het meisje kon niet op. Ze riep haar moeder om snel te komen en haar naar de regenboog te brengen. De moeder, die haar dochter niet teleur wilde stellen, hielp haar in de auto en reed in de richting van de regenboog. Toen ze uiteindelijk op een plek gekomen waren vanwaar ze een goed

Amma's toespraak

uitzicht op de regenboog hadden, stopte de moeder en hielp haar dochter uit te stappen, zodat ze van het schouwspel kon genieten.

Het meisje staarde omhoog en vroeg: "Prachtige regenboog, hoe komt het dat je zo schitterend schijnt?"

De regenboog antwoordde: "Mijn lief kind, ik leef slechts heel kort. Ik besta slechts korte tijd, wanneer de zon en de regen samenkomen. In plaats van te kniezen over mijn korte bestaan heb ik besloten dat ik in mijn korte leven zoveel mogelijk mensen zo gelukkig mogelijk wil maken. Toen ik besloot dat te doen, begon ik te stralen en werd ik prachtig."

En terwijl de regenboog nog sprak, begon hij al te vervagen totdat hij er ten slotte niet meer was. Het meisje keek met liefde en bewondering omhoog naar de plaats aan de blauwe hemel waar de regenboog zojuist geweest was. Vanaf die dag was zij niet meer hetzelfde. In plaats van zich gedeprimeerd te voelen en te piekeren over haar handicap probeerde ze te glimlachen en iedereen om haar heen gelukkig te maken. Zo vond ze echte vreugde en voldoening in het leven.

De regenboog was zo mooi omdat hij zichzelf vergat en voor anderen leefde. Evenzo ervaren wij de echte schoonheid van het leven, wanneer wij onszelf vergeten en voor het geluk van anderen leven.

Het lichaam zal ten onder gaan, of we nu werken of niets zitten te doen. Daarom is het beter te verslijten bij het verrichten van goede activiteit dan weg te roesten zonder iets voor de samenleving te doen.

In *Sanatana Dharma*, de eeuwige religie, die tegenwoordig bekend staat onder de naam hindoeïsme, bestaat de volgende mantra: "*Lokah Samastah Sukhino Bhavantu*." De betekenis van deze mantra is: "Mogen alle wezens in alle werelden gelukkig zijn."

Volgens de geschriften in India is er geen verschil tussen de Schepper en de schepping, zoals er geen verschil is tussen de oceaan en zijn golven. De essentie van de oceaan en de golven is hetzelfde, namelijk water. Goud en gouden sieraden zijn hetzelfde, omdat goud het materiaal is waarvan de sieraden gemaakt zijn. Klei en een pot van klei zijn uiteindelijk hetzelfde, omdat het materiaal van de pot klei is. Er is dus geen verschil tussen de Schepper, of God, en de schepping. In essentie zijn zij precies hetzelfde: Zuiver Bewustzijn. We moeten dus leren om van

Amma's toespraak

iedereen evenveel te houden, omdat we in wezen allemaal één zijn, de Atman. We zijn allemaal één ziel of het Zelf. Hoewel alles aan de buitenkant verschillend lijkt, zijn we van binnen allemaal een manifestatie van het Absolute Zelf.

God is geen beperkt individu die alleen hoog in de wolken op een gouden troon zit. God is het Zuivere Bewustzijn dat in alles verblijft. We moeten deze waarheid begrijpen en daardoor leren iedereen gelijk te accepteren en te beminnen.

Zoals de zon het licht van een kaars niet nodig heeft, heeft God niets van ons nodig. God is de Schenker van alles. We moeten ons onder de lijdende mensen begeven en hen dienen.

Er zijn miljoenen vluchtelingen en arme mensen in de wereld. Regeringen proberen zulke mensen op allerlei manieren te helpen, maar de wereld heeft veel meer mensen nodig die bereid zijn te werken met een onbaatzuchtige instelling.

In de handen van mensen die hun eigenbelang dienen, is er van een miljoen dollar nog slechts honderdduizend dollar over tegen de tijd dat het geld de mensen bereikt die van deze fondsen moeten profiteren. Het is als olie die van de ene pot in de andere gegoten wordt en dan weer in een andere, enzovoorts. Nadat je dit vele malen gedaan hebt, is er geen olie over omdat er aan iedere pot wat blijft kleven. Maar bij degenen die onbaatzuchtig dienstbaar zijn, is het heel anders. Zulke mensen ontvangen misschien honderdduizenden dollars, maar zij geven het equivalent van miljoenen aan de mensen in nood. Dit komt doordat hun motieven onbaatzuchtig zijn. Zij wensen eenvoudig van nut te zijn voor de samenleving. In plaats van loon voor zichzelf te nemen, geven zij zoveel ze kunnen aan hen die lijden.

Als we ook maar een beetje compassie in ons hart hebben, moeten we ons ertoe verplichten iedere dag een halfuur extra te werken voor hen die lijden. Dit is Amma's verzoek. Amma gelooft dat op deze manier een oplossing voor alle verdriet en armoede in de wereld gevonden zal worden.

De huidige wereld heeft mensen nodig die goedheid in woorden en daden uitdrukken. Als zulke edele rolmodellen het goede voorbeeld geven aan hun medemensen, zal de duisternis die nu in de samenleving heerst, verdreven worden en zal het licht van vrede en geweldloosheid deze aarde weer verlichten. Laten we samen naar dit doel toewerken.

Amma's toespraak

---

*Moge de boom van ons leven stevig
in de grond van liefde geworteld zijn.*

*Laat goede daden de bladeren
aan die boom zijn.*

*Mogen vriendelijke woorden
zijn bloemen vormen en*

Moge vrede zijn vruchten zijn.

Laten wij als één familie groeien en ons ontplooien, verenigd in liefde zodat we ons kunnen verheugen en onze eenheid vieren in een wereld waar vrede en tevredenheid heersen.
Nu Amma Haar toespraak beëindigt, zou Ze er graag aan toe willen voegen dat in werkelijkheid niets het einde is. Zoals bij een punt aan het einde van een zin is er slechts een korte onderbreking, een onderbreking voor een nieuw begin op weg naar vrede. Moge de goddelijke Genade ons zegenen met de kracht om deze boodschap uit te dragen.

Aum Shanti Shanti Shanti

www.ingramcontent.com/pod-product-compliance
Lightning Source LLC
Chambersburg PA
CBHW070046070426
42449CB00012BA/3168